Los enfermeros

Quinn M. Arnold

CREATIVE EDUCATION
CREATIVE PAPERBACKS

semillas del saber

Publicado por Creative Education y Creative Paperbacks
P.O. Box 227, Mankato, Minnesota 56002
Creative Education y Creative Paperbacks son marcas
editoriales de The Creative Company
www.thecreativecompany.us

Diseño de Ellen Huber; producción de Christine Vanderbeek
Dirección de arte de Rita Marshall
Traducción de Victory Productions, www.victoryprd.com
Impreso en los Estados Unidos de América

Fotografías de Alamy (Hero Images Inc.), iStockphoto
(Spotmatik), Shutterstock (Africa Studio, Coprid, Duplass,
goodluz, Ilike, karamysh, lenetstan, Rob Marmion, Aleksandar
Mijatovic, Monkey Business Images, sheff, Suppakij1017, Syda
Productions)

Información del Catálogo de publicaciones de la Biblioteca
del Congreso is available under PCN 2017935651.
ISBN 978-1-60818-930-4 (library binding)

9 8 7 6 5 4 3 2 1

TABLA DE CONTENIDO

¡Hola, enfermeros!

Los enfermeros cuidan a las personas. Ellos ayudan a los enfermos a sentirse mejor. Ellos enseñan qué deben hacer las personas para mantenerse saludables.

Hay muchas clases de enfermeros. La mayoría trabaja en hospitales. Otros trabajan en clínicas o escuelas.

Algunos visitan a los pacientes en su casa.

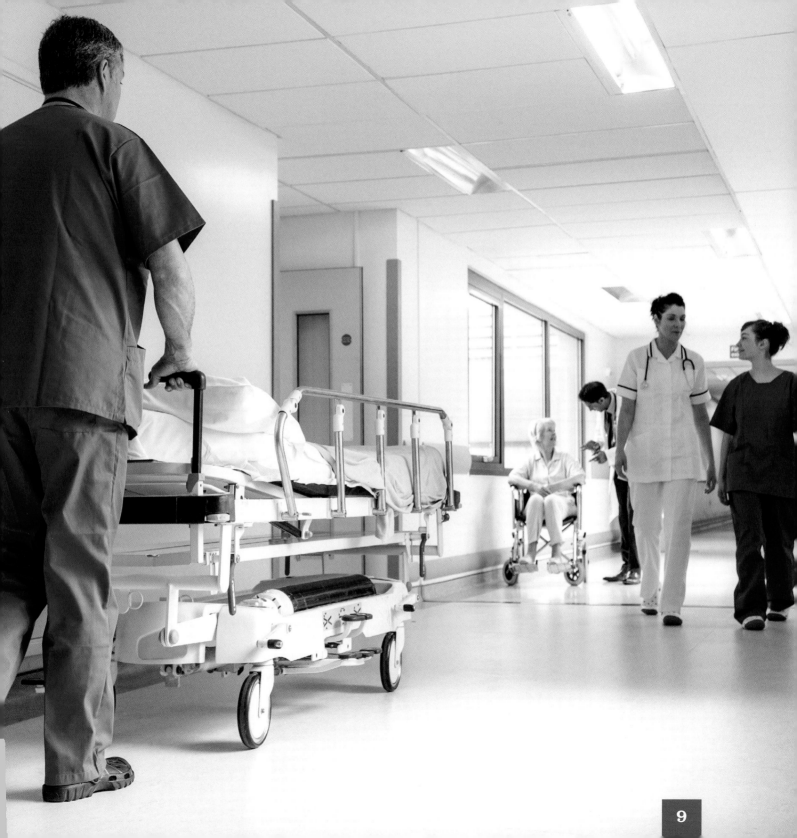

Los enfermeros hacen pruebas
médicas. Les ponen inyecciones
a las personas y les dan medicinas.
Limpian cortadas y rasguños.
Algunos ayudan a los doctores
a hacer cirugías.

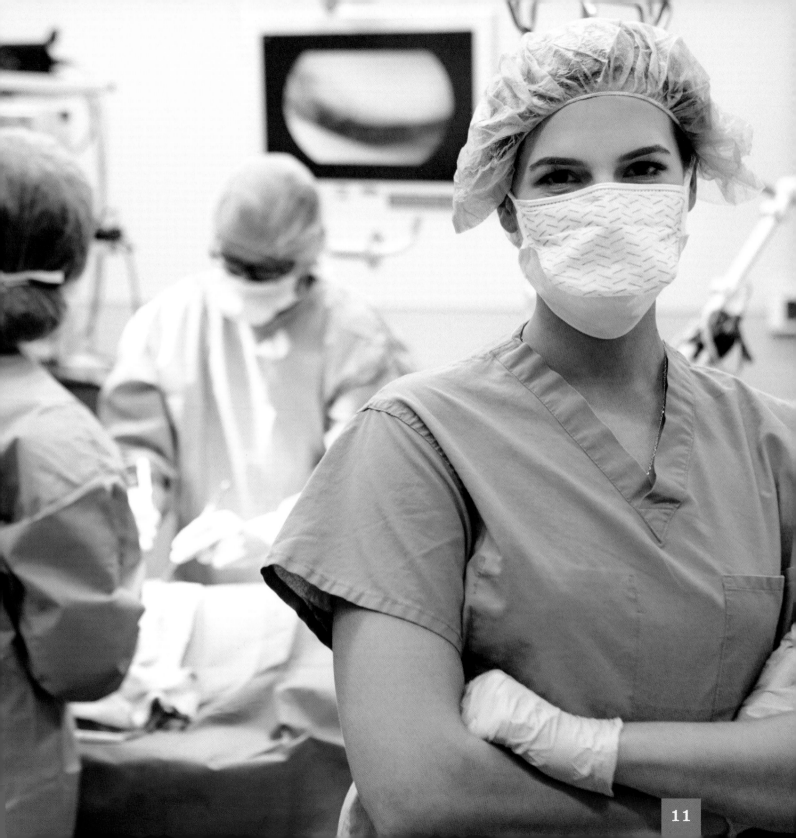

Los enfermeros escuchan a los pacientes. Hablan con los doctores y las familias. Los enfermeros contestan sus preguntas.

Los enfermeros usan un estetoscopio. Ellos visten uniformes de cirugía. También usan guantes. Esto los ayuda a mantenerse saludables.

Los enfermeros
ayudan a personas
de todas las edades.
Ellos mantienen
la salud de las
comunidades.

¡Adiós, enfermeros!

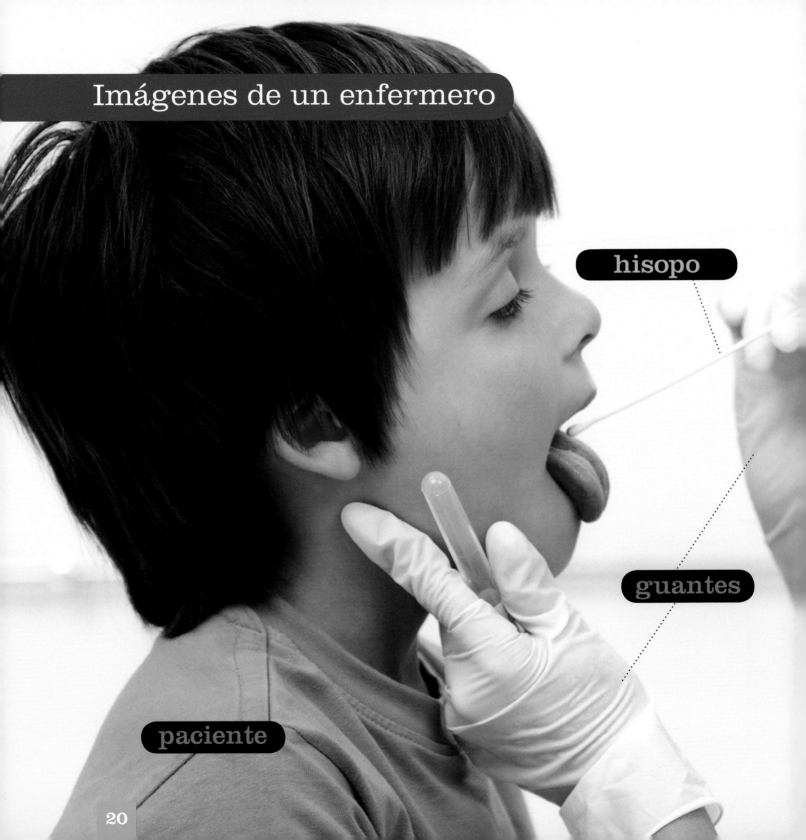

hisopo

guantes

paciente

enfermera

uniforme
de cirugía

21

Palabras que debes saber

cirugías: procedimientos que usan instrumentos médicos para cortar adentro del cuerpo

clínica: lugar donde las personas pueden recibir atención médica

estetoscopio: instrumento que se usa para escuchar el corazón, los pulmones y el estómago

pacientes: personas que reciben atención médica

Índice

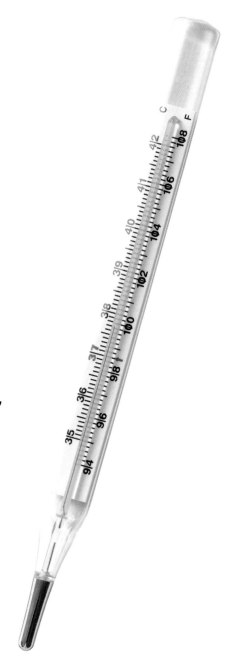